AF458981

MÉTHODE LEXICOLOGIQUE DE LECTURE

PAR P. LAROUSSE.

ALPHABET PHONÉTIQUE.

Consonnes. — Nommez l'objet représenté par l'image ; le dernier son est le nom de la lettre placée au-dessus.

CONSONNES.

b c k q **d f g j l**

m n p r s t v

x z ch gn ill

EXERCICE.

d b q p f j g s

gn x n m c ch

v k ill t l z r

CONSEILS AU MONITEUR.

Le Moniteur fera connaître tout d'abord aux élèves l'objet représenté par chaque image, en disant : *Voilà une* JAMBE, *voilà un* ARC, *voilà une* DINDE, etc. Ce n'est que lorsqu'ils diront imperturbablement : JAMBE, ARC, DINDE, GIRAFE, ORGUE, etc., qu'il leur indiquera le moyen d'apprendre le nom de la consonne, et de le retrouver seuls au besoin.

Paris, — LAROUSSE et BOYER, Libraires-Éditeurs, rue Saint-André-des-Arts, 49.

Paris. — Typographie MORRIS et COMP., rue Amelot, 64.

MÉTHODE LEXICOLOGIQUE DE LECTURE

PAR P. LAROUSSE.

ALPHABET PHONÉTIQUE.

Voyelles simples. — Nommez l'objet représenté par l'image; le premier son est le nom de la lettre placée au-dessus.

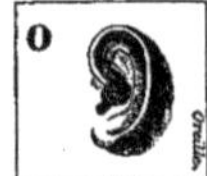

VOYELLES.

a e é è ê i o u

EXERCICE.

o è i é u ê a e

i ê o e u é è a

ALPHABET DE MAJUSCULES.

a	b	c	d	e	f	g	h	i
A	B	C	D	E	F	G	H	I
j	k	l	m	n	o	p	q	r
J	K	L	M	N	O	P	Q	R
s	t	u	v	x	y	z		
S	T	U	V	X	Y	Z		

CONSEILS AU MONITEUR.

Dire à l'élève : *Voilà un* ANE, *voilà un* ŒUF, *voilà une* ÉCHELLE, etc., de manière qu'il ne se trompe pas sur la dénomination de l'objet représenté par l'image. On comprend facilement, en effet, que si l'élève dit, par exemple, *baudet* au lieu de *âne*, *soldat* au lieu de *hussard*, l'alphabet phonétique n'a plus d'objet. Lui enseigner ensuite le moyen d'apprendre et de retrouver seul le nom de chaque voyelle.

Dans l'alphabet de majuscules, omettre les lettres *h* et *y*.

Paris. — LAROUSSE et BOYER, Libraires-Éditeurs, rue Saint-André-des-Arts, 49.

Paris. — Typographie MORRIS et COMP., rue Amelot, 64.

1856

3e TABL.

MÉTHODE LEXICOLOGIQUE DE LECTURE

PAR P. LAROUSSE.

SYLLABAIRE DES VOYELLES SIMPLES.

	a	e	é	è	i	o	u
b	ba	be	bé	bè	bi	bo	bu
d	da	de	dé	dè	di	do	du
f	fa	fe	fé	fè	fi	fo	fu
j	ja	je	jé	jè	ji	jo	ju
l	la	le	lé	lè	li	lo	lu
m	ma	me	mé	mè	mi	mo	mu
n	na	ne	né	nè	ni	no	nu
p	pa	pe	pé	pè	pi	po	pu
r	ra	re	ré	rè	ri	ro	ru
s	sa	se	sé	sè	si	so	su
t	ta	te	té	tè	ti	to	tu
v	va	ve	vé	vè	vi	vo	vu
x	xa	xe	xé	xè	xi	xo	xu
z	za	ze	zé	zè	zi	zo	zu
ch	cha	che	ché	chè	chi	cho	chu
gn	gna	gne	gné	gnè	gni	gno	gnu
ill	illa	ille	illé	illè	illi	illo	illu
k	ka	ke	ké	kè	ki	ko	ku
qu	qua	que	qué	què	qui	quo	»
c	ca	ce (1)	cé	cè	ci	co	cu
g	ga	ge (1)	gé	gè	gi	go	gu
gu	»	gue	gué	guè	gui	»	»

CONSEILS AU MONITEUR.

Dans ce Syllabaire, qui est une sorte de Table de Pythagore appliquée à la lecture, le Moniteur montre, *sans les nommer*, la consonne et la voyelle, qui sont les deux facteurs ; puis la syllabe, produit de ces deux facteurs. L'élève effectue, résume *tacitement* ces deux sons en un seul, et dit tout haut BA, BO, SI, CHU, GNE, etc.

Ici les articulations *b, d, f, j*, etc., perdent la valeur phonétique (*sonnante*) qu'on ne leur avait donnée que momentanément et pour en faciliter l'étude. Si l'élève éprouve quelque difficulté à comprendre que les consonnes ne sont que de *simples articulations*, et que *ba* résulte de *be a* ; *bo* de *be o*, le Moniteur lui *démontrera*, en le ramenant au 1er tableau, que l'on ne dit pas *jam be*, mais *jam b...*, *gira fe*, mais *gira f...* Ce n'est pas là un des moindres avantages de notre Alphabet phonétique.

(1) Par exception, *c* se prononce *s* et *g* se prononce *j* devant les voyelles *e, i*.

Paris. — LAROUSSE ET BOYER, Libraires-Éditeurs, rue Saint-André-des-Arts, 49

Paris. — Typographie MORRIS ET COMP., rue Amelot, 64.

4e TABL.

MÉTHODE LEXICOLOGIQUE DE LECTURE

PAR P. LAROUSSE.

EXERCICES.

pa	pa [1]
mi	di
fè	ve
fê	te
ga	ge
zé	ro
rè	gne
pa	ille
père [2]	joli
luxe	code
cube	page
cela	fade
sale	note
gare	ligne
gelé	robe
quête	rave
kilo	lune

pa	ro	le
co	lè	re
gui	ta	re
mé	ri	te
a	vi	de
o	xi	de
sa	ri	gue
ba	ta	ille

girafe	légume
arabe	fatigue
carafe	facile
domino	rapide
cirage	vanité
potage	modèle
chacune	parure
maxime	qualité
samedi	charade

CONSEILS AU MONITEUR.

(1) Chaque fois que l'élève hésite ou se trompe pour énoncer une syllabe, la lui montrer au SYLLABAIRE (3e tableau).

(2) Il y a dans un mot autant de syllabes que de sons séparés, c'est-à-dire que de voyelles simples ou doubles ; ainsi *loi* a une syllabe, *ami* en a deux, *charité* trois, etc. La division des mots en syllabes est pour les enfants une des difficultés les plus sérieuses de la lecture. En général, toute voyelle, simple ou double, appartient à la même syllabe que la consonne qui précède : soit le mot *samedi* à diviser en syllabes. Il y a dans ce mot trois voyelles, *a*, *e*, *i*, par conséquent trois syllabes : *sa*, *me*, *di*. Pour diviser lui-même et lire les mots *père*, *joli*, *girafe*, *légume*, l'élève dira : *è*, *e*, *père* ; *o*, *i*, *joli* ; *i*, *a*, *e*, *girafe* ; *é*, *u*, *e*, *légume*, et ainsi pour tous les autres mots de l'exercice.

Paris. — LAROUSSE et BOYER, Libraires-Éditeurs, rue Saint-André-des-Arts, 49.

Paris. — Typographie MORRIS et COMP., rue Amelot, 64.

MÉTHODE LEXICOLOGIQUE DE LECTURE

PAR P. LAROUSSE.

EXERCICES.

Volume utile[1].

Morale sévère.

Joli canari.

Figure pâle.

Médecine végétale.

Riche parure.

Jupe sale.

Biche timide.

Opéra comique.

La fève de Moka.

Robe à la mode.

Arabe nomade.

Figue sèche.

Vérité dure.

Pilule amère.

Demi-kilo.

Évêque révéré.

Révère ta mère.

Le dogue écume.

Le navire a péri.

Le diné finira.

Ma tulipe a gelé.

La pêche a mûri.

La bûche fume.

La vache rumine.

Maxime sera sage.

Lève la tête.

Imite ce modèle.

Gagne le pari.

La guêpe pique.

Dîne vite.

L'épi mûrira.

Zoé a le délire.

Papa se fâchera.

CONSEILS AU MONITEUR.

(1) Pour diviser lui-même les mots en syllabes, l'élève dira *o, u, e, volume*; *u, i, e, utile*; *o, a, e, morale*; *é, è, e, sévère*, et ainsi pour les autres phrases de la leçon, jusqu'à ce qu'il soit assez exercé pour ne plus employer ce mécanisme que tacitement, et enfin l'abandonner tout-à-fait. Ce procédé est de la plus grande importance.

Paris.—Larousse et Boyer, Libraires-Éditeurs, rue Saint-André-des-Arts, 49.

Paris.—Typographie Morris et Comp., rue Amelot, 64.

MÉTHODE LEXICOLOGIQUE DE LECTURE

PAR P. LAROUSSE.

EXERCICES.

Le père de René fume [1].
L'été ranime la nature.
L'élève a raturé sa page.
La chenille a ravagé la vigne.
Papa a caché ma petite image.
Que la charité anime le riche.
Le Midi vénère la cigogne.
Numa a régné à Rome.
Fidèle a été guéri de la rage.
L'orage déracinera le chêne élevé.
L'Arabe a pillé la caravane.
La nature révèle la divinité.
La petite Aline lira le Télémaque.
Caroline a déchiré sa robe de gaze.
Le rivage sera le refuge du pilote fatigué.
Le camarade de Jérôme a avalé une pilule.
Une guêpe a piqué Émile à la figure.
La rame dirigera le pilote à la côte.
Noé ignora la taille de la vigne.
Le pilote du navire signala l'Amérique.

CONSEILS AU MONITEUR.

(1) Pour diviser lui-même les mots en syllabes, l'élève dira *è, e, père; e, é, René; u, e, fume.*

Le Moniteur fera remarquer à l'élève que la voyelle est la *propriété* de la consonne qui précède, que la consonne *s'empare* de la voyelle, qu'elle tombe, qu'elle se précipite sur elle comme « *le marteau sur l'enclume.* » C'est ainsi que Lemare a caractérisé très-énergiquement le rapport de dépendance, de servitude qui unit la voyelle à la consonne. Ce langage imagé, surtout si le Moniteur y ajoute les gestes, est très-propre à faire comprendre à l'élève le mécanisme de la syllabisation.

Paris.—Larousse et Boyer, Libraires-Éditeurs, rue Saint-André-des-Arts, 49.

Paris.—Typographie Morris et Comp., rue Amelot, 64.

7e TABL.

MÉTHODE LEXICOLOGIQUE DE LECTURE

PAR P. LAROUSSE.

ÉLÉMENTS ET EXERCICES.

(VOYELLES SUCCESSIVES OU DIPHTHONGUES.)

ia(1), ié, iè, io, iu, ua, ué, ui.

pi **a** no
ni **è** ce
fi **o** le
pièce
siége
tiède

sali **è** re
li **a** ne
ju **i** ve
viatique
agiotage
pioche

pi **é** ge
vi **o** lacé
mari **a** ge
lumière
diadème
période

lu **i** re
reli **u** re
bi **è** re
piété
diète
ratafia

La tu**i**le a été cu**i**te.
Genevi**è**ve sera à la di**è**te.
Le curé bénira ce mari**a**ge.
Imite la piété de ma nièce Lia.
Le piége a retenu la caille.
La reliure de ce volume m'a paru solide.
Maxime a tiré une fiole de sa poche.
La rapidité de la rivière a diminué.
Le nuage a caché la lumière de la lune.
Ma mère a acheté ce joli piano à sa nièce.
Papa a égaré sa tabatière d'écaille.

CONSEILS AU MONITEUR.

(1) Faire remarquer à l'élève qu'il connaît déjà ces syllabes, puisque chacune résulte de l'énonciation séparée, mais rapide, des deux voyelles qui la composent. De cette observation, il résultera ce qui suit :

L'ÉLÈVE : *i a*, *i é*, *i o*, etc.
LE MONITEUR : Plus vite.
L'ÉLÈVE : *i a*, *i a*, *ia* — *i é*, *i é*, *ié* — *i o*, *i o*, *io*, etc.

Paris. — LAROUSSE et BOYER, Libraires-Éditeurs, rue Saint-André-des-Arts, 49.

Paris. — Typographie MORRIS et COMP., rue Amelot, 64.

MÉTHODE LEXICOLOGIQUE DE LECTURE

PAR P. LAROUSSE.

ÉLÉMENTS ET EXERCICES.

(VOYELLE ET CONSONNE.)

ab[1], ac, ad, al, ap, ar, as, at, ic, if, il,
ir, is, ob, oc, ol, op, or, os, ul, ur, us.

acte	orge	orgue	arme	urne	apte
fuir	arche	suif	laïc	alto	orme

(VOYELLE INTERCALÉE.)

ba c[2]	ca r	du r	mu r	ri t	su c	ti r	vi s
ba l	co l	fi l	nu l	ro c	su d	to c	vo l
bo l	co q	fo l	pa r	sa c	su r	va l	cha r
cal	cor	lac	pic	soc	tac	vif	choc
cap	duc	mal	pur	sol	tic	vil	chut

Ma petite **ar**balète.
Une cabane **oc**togone.
L'orbite de la lune.
L'étude de l'optique.

Le che**va l** a galopé.
Le ca**na l** a dé**bo r**dé.
L'orgue a été réparé.
Victor partira samedi.

Le carnaval a été animé.
Celui qui cultivera récoltera.
Le cheval borgne sera réformé.
Arsène porte l'uniforme de la garde.
Ce fil a été tordu à la filature.
Bonaparte a gagné la bataille d'Arcole.
Le père d'Émile a semé de l'orge.
Jérôme a vu une arlequinade magnifique.

CONSEILS AU MONITEUR.

(1) L'élève connaît ces syllabes, puisque chacune se compose de deux éléments, *a b*, *a c*, etc., déjà étudiés. Il n'a qu'à assembler ces deux éléments, en appuyant très-faiblement sur la consonne.

(2) L'élève connaît ces syllabes, puisque chacune résulte de deux éléments *ba c*, *ba l*, etc., déjà étudiés. Il n'a qu'à assembler ces deux éléments, en appuyant très-faiblement sur la consonne finale.

Paris.—Larousse et Boyer, Libraires-Éditeurs, rue Saint-André-des-Arts, 49.

Paris.—Typographie Morris et Comp., rue Amelot, 64.

MÉTHODE LEXICOLOGIQUE DE LECTURE

PAR P. LAROUSSE.

ÉLÉMENTS ET EXERCICES.

(CONSONNES SUCCESSIVES.)

b lé [1]	c ru	p li	b lo c	t ro c
b ru	d ru	p ré	f ra c	t ru c
c lé	g lu	t ra	f ro c	scr...
c ri	g ré	t ri	s tu c	spl...

table	brume	fromage	plâtre	stature
crudité	octobre	ivre	broche	cloche
tricolore	trinité	friture	quatre	siècle
grimace	apôtre	cravate	prière	sobre
frère	plume	agréable	marbre	stable

Sa brutalité m'a révolté.
Fabrice a lu un chapitre de la bible.
Le code pénal a prévu le crime.
Préfère l'utile à l'agréable.
Le général a rétabli l'ordre.
Papa a publié une carte de l'Afrique.
Ce bloc de marbre sera taillé.
Le blé a mûri à notre gré.
La friture m'a paru délicate.
La marguerite émaille le pré.
La garde civique protége la cité.
Ta prière a fléchi ma colère.

CONSEILS AU MONITEUR.

(1) L'élève connaît ces syllabes, puisque chacune résulte de l'énonciation séparée, mais rapide, des deux éléments, *b lé, b ru, c lé, c ri,* etc., qui la composent. Il assemblera ces deux éléments en appuyant très-faiblement sur la consonne initiale : *blé, bru, clé, cri,* etc.

Paris. — Larousse et Boyer, Libraires-Éditeurs, rue Saint-André-des-Arts, 49.

Paris. — Typographie Morris et Comp., rue Amelot, 64.

10e TABL.

MÉTHODE LEXICOLOGIQUE DE LECTURE

PAR P. LAROUSSE.

EXERCICES.

Le dîné fume déjà sur la table (1).

Le nuage a crevé.

Le caporal sera dégradé.

L'amiral a gagné une célèbre bataille navale.

Le tigre a dévoré sa victime.

La famine regarde la porte de celui qui travaille.

Médor suivra le lièvre à la piste.

Zoé a mal récité sa fable.

Votre timidité a déplu.

Le fidèle Azor a signalé la trace du fugitif.

Évite la société du prodigue.

L'astronome a vu une planète.

Ce vénérable prêtre a délivré le captif.

Sulpice marchera sur la glace du canal.

Victor imitera le cri du coq matinal.

Ursule a dîné d'une tartine de crème.

La propreté, qualité rare, révèle l'ordre.

La nature a paré le zèbre d'une robe riche.

La dureté de la roche a ébréché la pioche.

Gustave a égaré la clé du pupitre.

L'aqueduc a été bâti par ordre de Charlemagne.

CONSEILS AU MONITEUR.

(1) Faire remarquer de nouveau à l'élève que les mots se composent d'éléments appelés syllabes, que toutes les syllabes de ce tableau se trouvent au syllabaire déjà étudié, et que, pour lire, il suffit tout simplement d'énoncer les éléments, c'est-à-dire les syllabes, au fur et à mesure qu'ils se présentent. S'il rencontre deux voyelles successives comme dans *celui*, une voyelle suivie d'une consonne comme dans *astre*, une voyelle intercalée comme dans *sur*, deux consonnes successives comme dans *table*, lui bien persuader qu'il connaît tout cela, qu'il n'y a là aucune difficulté, et que, s'en effrayer, c'est avoir peur de son ombre.

Paris. — Larousse et Boyer, Libraires-Éditeurs, rue Saint-André-des Arts, 49

Paris. — Typographie Morris et Comp., rue Amelot, 64.

MÉTHODE LEXICOLOGIQUE DE LECTURE

PAR P. LAROUSSE.

ALPHABET PHONÉTIQUE.

Voyelles doubles. — Nommez l'objet représenté par l'image ; le dernier son est le nom de la lettre placée au-dessus.

(1) 

Ours.

Ombrelle.

SYLLABAIRE DES VOYELLES DOUBLES (2).

	oi	ou	an	in	on	un
b	boi	bou	ban	bin	bon	bun
d	doi	dou	dan	din	don	dun
f	foi	fou	fan	fin	fon	fun
j	joi	jou	jan	jin	jon	jun
l	loi	lou	lan	lin	lon	lun
m	moi	mou	man	min	mon	mun
n	noi	nou	nan	nin	non	nun
p	poi	pou	pan	pin	pon	pun
r	roi	rou	ran	rin	ron	run
s	soi	sou	san	sin	son	sun
t	toi	tou	tan	tin	ton	tun
v	voi	vou	van	vin	von	vun
x	xoi	xou	xan	xin	xon	xun
z	zoi	zou	zan	zin	zon	zun
ch	choi	chou	chan	chin	chon	chun
gn	gnoi	gnou	gnan	gnin	gnon	gnun
ill	illoi	illou	illan	illin	illon	illun
k	koi	kou	kan	kin	kon	kun
qu	quoi	qu'ou	quan	quin	qu'on	qu'un
c	coi	cou	can	cin	con	cun
g	goi	gou	gan	gin	gon	gun

CONSEILS AU MONITEUR.

(1) Dire à l'élève : *Voilà un* OISELEUR, *voilà un* OURS, *voilà un* ENCENSOIR, etc., de manière qu'il soit fixé sur le nom de l'objet représenté par l'image ; puis lui indiquer le moyen d'apprendre et de retrouver seul le nom de chaque voyelle double.

(2) Dans ce Syllabaire, qui est une sorte de Table de Pythagore appliquée à la lecture, le maître montre, *sans les nommer*, la consonne et la voyelle, qui sont les deux facteurs ; puis la syllabe, produit de ces deux facteurs ; l'élève effectue, résume *tacitement* ces deux sons en un seul, et dit tout haut : BOI, BOU, FAN, FIN, etc.

Paris. — LAROUSSE ET BOYER, Libraires-Éditeurs, rue Saint-André-des-Arts, 49.

Paris. — Typographie MORRIS ET COMP., rue Amelot, 64.

MÉTHODE LEXICOLOGIQUE DE LECTURE

PAR P. LAROUSSE.

EXERCICES.

bon
cou
don
fin
foi
fou
lin
loi
moi
mon
mou
pin
roi
son
sou
toi
ton
van
vin
chou

bi jou
mou lin
char don
ru ban
gou jon
pou le
tan te
ca lin
Me lun
on cle
dindon (1)
chanson
taquin
poivre
boudin
lundi
bouton
pinson
sanguin
bouchon

mé moi re
vi gne ron
pou lar de
cha lou pe
a ban don
fan tô me
sou ta ne
for ge ron
voi tu re
dé rou te
fanfaron (1)
indigo
ouragan
acajou
dimanche
cantique
moucheron
chérubin
guéridon
victoire

CONSEILS AU MONITEUR.

(1) L'élève dira : *in, on, dindon, — an, a, on, fanfaron.*

Ce tableau et les cinq qui suivent, sont la répétition presque textuelle des tableaux 4, 5, 6, 7, 8, 9, 10. La seule différence, c'est que les voyelles doubles OI, OU, AN, IN, ON, remplacent ici les voyelles simples A, E, I, O, U.

Paris.—Larousse et Boyer. Libraires-Éditeurs, rue Saint-André-des-Arts, 49.

Paris.—Typographie Morris et Comp., rue Amelot, 64.

MÉTHODE LEXICOLOGIQUE DE LECTURE

PAR P. LAROUSSE.

EXERCICES.

Joli pinson.
Boîte d'a cajou.
Mon ami Simon.
Robin mouton.
Boule ronde.
Chemin uni.
L'an onze.
Bon boui llon.
Moulin à café.
Élève taquin.
Bouchon de carafe.
Chanson comique.
Santé chancelante.
Vin rouge.
Lundi matin.
Sou rou illé.
Un bon roi.
Pèlerin fatigué.
Manchon de martre.
Linge mou illé.
La mouche du coche.
Un trognon de chou.

Le cochon grogne.
Le coq chante.
Écoute ton père.
La mouche vole.
La boutique s'ouvre.
La poire a mûri.
La poule couve.
Demande pardon.
Léon boude.
Il a un bijou.
Le dragon s'élance.
Le médecin guérira.
Il monte à cheval.
Le bata illon marche.
Ma montre retarde.
L'épingle pique.
Le charbon fume.
La chaloupe vogue.
La voiture roule.
La foudre éclate.
Le pantin s'agite.
La victoire balance.

CONSEILS AU MONITEUR.

Si l'élève hésite dans son travail de décomposition, lui faire dire : *in*, *on*, *pinson*, etc. Il ne doit abandonner ce mécanisme que lorsqu'il est suffisamment exercé pour embrasser le mot d'un seul coup d'œil.

Paris. — Larousse et Boyer, Libraires-Éditeurs, rue Saint-André-des-Arts, 49.

Paris. — Typographie Morris et Comp., rue Amelot, 64.

MÉTHODE LEXICOLOGIQUE DE LECTURE

PAR P. LAROUSSE.

EXERCICES.

Firmin se régala d'une poitrine de mouton.
La grenouille nage.
Un régime sévère a rétabli sa santé.
Le mouton bêle.
L'âne mange du chardon.
Coupe-moi un mètre de toile.
Le père Simon boira de bon vin.
Le goujon a mordu à l'amorce.
Redoute la fougue de ton caractère.
Je doute que ta romance me touche.
Le bûcheron coupera ce pin.
Grégoire a chanté un joli cantique.
Sultan a bondi sur la poule timide.
Le bon Fénelon a été un célèbre archevêque.
La lance de Joab tua Absalon.
Sou épargné, sou gagné.
L'Afrique a la forme d'un triangle.
La Marne coule sur un sol d'argile.
La loi force le roi même à lui obéir.
Mon père a voulu conduire la voiture.
Le pinson chante de bon matin.

CONSEILS AU MONITEUR.

Si l'élève hésite, lui faire dire : *i, in, Firmin ; oi, i, e, poitrine ; ou, on, mouton*, etc. Ce travail de décomposition paraît lent au premier aspect ; mais il permet de supprimer la syllabisation graphique, ces lisières funestes de la lecture, qui favorisaient la paresse de l'enfant, et ne ménageaient aucune transition entre le livre-syllabaire et les livres ordinaires.

Paris. — Larousse et Boyer, Libraires-Éditeurs, rue Saint-André-des-Arts, 49.

1856

Paris. — Typographie Morris et Comp., rue Amelot, 64.

MÉTHODE LEXICOLOGIQUE DE LECTURE

PAR P. LAROUSSE.

ÉLÉMENTS ET EXERCICES.

VOYELLES DOUBLES SUCCESSIVES.

i an, i on, o in, ou a, ou i, ou in, u in,
fo in, jou i, ju in, li on, lo in, pi on, so in.

VOYELLES DOUBLES INTERCALÉES.

bou **c**, choi **r**, cou **r**, don **c**, fou **r**, jou **r**,
noi **r**, poi **l**, pou **r**, soi **f**, soi **r**, tou **r**, voi **r**.

CONSONNES SUCCESSIVES ET VOYELLES DOUBLES.

b rin, **b** rou, **b** run, **c** lan, **c** lou, **c** ran,
c rin, **f** lan, **p** lan, **p** rou, **t** rou, **v** lan.

plan che	vi an de	bé dou in	fri an de
cour se	tour te	brou illon	é pa nou i
bour don	po in te	four mi	ba bou in
pol tron	droi tu re	blon din	di an tre
bour ga de	mou choir	pou voir	re li gi on

Le cardinal a une robe de pourpre.
Le cheval mange du fo in.
La troupe a franchi la frontière.
Le dindon glougloute.
La petite friande a bu le vin de Frontignan.
Un glouton a dévoré Robin mouton.
La bonté inspire la confi ance.
Alix a troué son pantalon le jour de sa fête.

CONSEILS AU MONITEUR.

Faire remarquer à l'élève qu'il connaît déjà ces syllabes, puisque chacune résulte de l'énonciation séparée, mais rapide, des deux voyelles, l'une simple et l'autre double, qui la composent. De cette observation, il résultera ce qui suit :

L'Élève : *i an, i on, o in*, etc.

Le Moniteur : Plus vite.

L'Élève : *i an, i an, ian ; i on, i on, ion ; o in, o in, oin.*

L'élève connaît et dira de même : *bou c, bouc ; choi r, choir ; b rin, brin ; b rou, brou.* Ce tableau est une répétition des diphthongues du tableau 7, des voyelles intercalées du tableau 8, et des consonnes successives du tableau 9, sauf qu'il s'agit ici de voyelles doubles au lieu de voyelles simples.

Paris. — Larousse et Boyer, Libraires-Éditeurs, rue Saint-André-des-Arts, 49.

Paris. — Typographie Morris et Comp., rue Amelot, 64.

MÉTHODE LEXICOLOGIQUE DE LECTURE

PAR P. LAROUSSE.

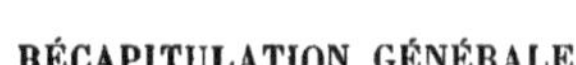

RÉCAPITULATION GÉNÉRALE.

Bonsoir, mon oncle Antonin[1].
Le Bédouin rejoindra sa troupe à la course.
Un océan de glace couvre le pôle.
On redoute la piqûre du scorpion.
Le prince de Condé a gagné la bataille de Rocroi.
L'artiste moula une tête de bronze.
Éloigne de toi le fourbe.
Blanche recevra pour sa fête une armoire d'acajou.
On tire une grande quantité d'ivoire du Congo.
Notre planète tourne sur son axe.
On a tiré ce bloc énorme d'une roche de granit.
Gontran a parcouru le jardin de son oncle.
Un ouragan épouvantable a déraciné le cèdre.
Lubin a trouvé un bouton d'or.
Dame fourmi se moqua de la cigale.
Le lion a une longue crinière.
Antoine a une mémoire de lièvre.
On conduira Martin à la foire.
On noircira de goudron le câble du navire.
L'insouciance mène à la ruine.

CONSEILS AU MONITEUR.

(1) Si l'on suppose, comme nous l'avons fait jusqu'ici, notre système graphique rationnel, c'est-à-dire si l'on admet pour chaque son, pour chaque articulation une orthographe uniforme, voici les seuls éléments des mots :

ÉLÉMENTS CONSONNES : *b, c (k q), d, f, g, j, l, m, n, p, r, s, t, v, x, z, ch, gn, ill.*

ÉLÉMENTS VOYELLES SIMPLES : *a, e, é, è, i, o, u.*

ÉLÉMENTS VOYELLES DOUBLES : *oi, ou, an, in (un), on.*

Pour lire couramment, l'élève n'a qu'à énoncer, les uns après les autres, ces différents éléments à mesure qu'ils se présentent, en recourant à une énonciation rapide et en appuyant faiblement sur les consonnes. Il en résultera ceci :

L'ÉLÈVE : *B on s oi r, m on on c l e An t o n in.*

Paris. — LAROUSSE et BOYER, Libraires-Éditeurs, rue Saint-André-des-Arts. 49.

Paris. — Typographie MORRIS et COMP., rue Amelot, 64.

MÉTHODE LEXICOLOGIQUE DE LECTURE

PAR P. LAROUSSE.

RÉCAPITULATION GÉNÉRALE.

La petite chanson du serin m'a charmé.
Un cap ou promontoire forme le Finistère.
L'invalide raconta la bataille d'Aboukir.
Le bourdon a ébranlé la grande tour.
Chacun admire la droiture de son caractère.
La religion consola Robinson dans son île.
Une substance noire, gluante, découle du pin.
Antoine mangera une soupe à la citrouille.
Salomon régna à la suite de son père David.
Le pilote guide sur l'Océan l'élégante frégate.
Sa mère défunte lui a légué un joli médaillon.
Grâce à son trou, la fourmi brave la froidure.
Fanfan a taché son pantalon de nankin.
La grange regorge de blé, d'orge, d'avoine.
Le pingouin voltige sur l'Océan.
Le castor construira une digue solide.
Le général a fortifié la redoute.
Victor a récité une fable à sa tante.
Qui va loin ménage sa monture.
Un moine a trouvé la poudre à canon.

CONSEILS AU MONITEUR.

L'élève doit pouvoir lire maintenant sans être obligé d'extraire préalablement les voyelles. De là, il ressort cet avantage, que notre élève lira dans le premier livre venu et non pas seulement *dans son livre*, résultat déplorable et plaisant à la fois du système de syllabes séparées, religieusement suivi dans la plupart des autres méthodes.

Paris. — Larousse et Boyer, Libraires-éditeurs, rue Saint-André-des-Arts, 49.

Paris. — Typographie Moquet et Comp., rue Amelot, 64.

18e TABL.

MÉTHODE LEXICOLOGIQUE DE LECTURE

PAR P. LAROUSSE.

PRINCIPALES ÉQUIVALENCES.

	e		**an**	
eu		œu	am	en	em

	è		**in**		
ai		ei	im	ain	aim	ein

	o		**on**	**un**
au		eau	om	um

au om im em eu ai œu

eau ei um ain am aim en ein

EXERCICE.

o	im	e			
cad eau	faim	feu	radeau	daim	peu
e	è	o			
œu vre	fai re	fau ve	œuvé	paire	mauve
è	an	in			
pei gne	ram pe	p ain	teigne	lampe	bain
an	in	an			
m em bre	t ein dre	t en dre	temple	peindre	fendre
in	on	un			
s im ple	t om be	parf um	limpide	bombe	»

CONSEILS AU MONITEUR.

Si la langue française avait une orthographe régulière, l'élève saurait lire dès à présent ; mais il n'en est pas ainsi : il y a environ vingt manières différentes de rendre le son A, trente pour le son AN, et à peu près autant pour chacune des autres voyelles. C'est cette diversité de formes affectées à un même son, qui fait la grande difficulté de la lecture.

Il y a deux méthodes pour initier les élèves à ces irrégularités : la première consiste à représenter tout d'abord chaque son sous toutes ses formes différentes, c'est-à-dire, choisir le moyen le plus propre à rebuter le courage de l'enfant et à confondre son jugement. Cette marche est celle qu'ont suivie la plupart des *Statilégistes* ou *Citolégistes*. La seconde consiste, au contraire, à supposer les sons régulièrement, uniformément orthographiés ; puis, au moyen d'un *Système* rationnel *des équivalences*, à passer, sans aucune difficulté, de la langue telle qu'elle devrait être à la langue telle qu'elle est. Cette marche, aussi simple que naturelle, est celle que nous avons suivie dans notre *Méthode lexicologique de Lecture*. On peut donc, à la rigueur, laisser de côté le tableau 18, en ayant soin toutefois de dire à l'élève que EU se prononce E.

Paris. — LAROUSSE et BOYER, Libraires-Éditeurs, rue Saint-André-des-Arts, 49.

Paris. — Typographie MORRIS et COMP., rue Amelot, 64.

MÉTHODE LEXICOLOGIQUE DE LECTURE

LES LETTRES BLANCHES SONT NULLES DANS LA PRONONCIATION.

SYSTÈME DES ÉQUIVALENCES.

è tan é dè
Le sage est économe du temps et des paroles.
mè ja bo
Maître renard mangea le fromage du corbeau.
san-nui mè
On ne s'ennuie jamais quand on travaille.
lè o
Le sot se croit toujours plus fin que les autres.
lan é an rè-se
L'ennui est entré dans le monde par la paresse.
mè dè pèr san
Ne parlons jamais mal des personnes absentes.
so è mé
Sauce d'appétit est la meilleure.
pan
On vous pardonnera si vous êtes repentant.
è flan-bo dè
La lune est le flambeau des nuits.
fè
Quand vous faites mal, Dieu vous voit.
è bo vin
Il est beau de se vaincre soi-même.
leu-ille mè fè sè min
L'œil du maître fait plus que ses deux mains.
dè in-fè
Nous devons nous souvenir des bienfaits.
in min
Le chien lèche la main qui le frappe.

Le sage est économe du temps et des[1] paroles[1].
Maître renard[2] mangea le fromage du corbeau.
On ne s'ennuie jamais quand on travaille.
Le sot se croit toujours plus fin que les autres.
L'ennui est entré dans le monde par la paresse.
Ne parlons jamais mal des personnes[3] absentes.
Sauce d'appétit[3] est la meilleure.
On vous pardonnera[3] si vous êtes repentant.
La lune est le flambeau des nuits.
Quand vous faites mal, Dieu vous voit.
Il est beau de se vaincre soi-même.
L'œil du maître fait plus que ses deux mains.
Nous devons nous souvenir des bienfaits.
Le chien lèche la main qui le frappe[3].

CONSEILS AU MONITEUR.

Le Moniteur expliquera les règles suivantes aux élèves dans l'ordre et aux lieux indiqués par les renvois.

(1) A la fin des mots, *es* se prononce *e* : *hommes*, *riches*, *agréables*, *tu aimes*, excepté dans les monosyllabes *les*, *des*, *mes*, *tes*, *ces*, *ses*, *es* (tu) que l'on prononce *lè*, *dè*, *mè*, *tè*, *sè*, *cè*, *è*.

(2) A la fin des mots, les consonnes, et principalement *d*, *s*, *t*, ne se prononcent pas en général : *grand*, *rond*, *cous*, *brus*, *nuit*, *sabot*, — *gran*, *ron*, *cou*, *bru*, *nui*, *sabo*.

(3) Quand deux consonnes se suivent dans un mot, la première est ordinairement nulle : *pomme*, *battre*, *affront*, — *pome*, *batre*, *afront*.

Paris. — Larousse et Boyer, Libraires-Éditeurs, rue Saint-André-des-Arts, 49.

Paris. — Typographie Morris et Comp., rue Amelot, 64.

MÉTHODE LEXICOLOGIQUE DE LECTURE

LES LETTRES BLANCHES SONT NULLES DANS LA PRONONCIATION.

SYSTÈME DES ÉQUIVALENCES.

lè ve van
Les poules couvent dans le couvent.

cèr-tin re lè-ille
Certains peuples adorent le soleil.

vèr è
Une vertu est un diamant sur le front.

lè lèc me keur vèr
Les bonnes lectures forment le cœur à la vertu.

rè-se é po seur mè-le
La paresse et la pauvreté sont sœurs jumelles.

rè-seu pin é lo
Le paresseux mange du pain et boit de l'eau.

ran-fèr dè rèp
L'Afrique renferme des reptiles énormes.

ci-èl fè chè-se
La pluie du ciel fait la richesse du laboureur.

man a-tin
Tôt ou tard, le châtiment atteint le coupable.

lan vèr vèr
La prière de l'enfant vertueux monte vers Dieu.

è-ne fin né gé
Si votre ennemi a faim, donnez-lui à manger.

è fice vèc tan-drè-se
Une mère aime toujours son fils avec tendresse.

sèr-pan sin cho
Le serpent mord le sein qui l'a réchauffé.

lè san lè se
Quand les chats sont absents, les rats dansent.

Les poules couvent[1] dans le couvent[1].

Certains[2] peuples adorent le soleil.

Une vertu est un diamant sur le front.

Les bonnes lectures forment le cœur à la vertu.

La paresse et la pauvreté sont sœurs jumelles.

Le paresseux mange du pain et boit de l'eau.

L'Afrique renferme des reptiles énormes.

La pluie du ciel fait la richesse du laboureur.

Tôt ou tard, le châtiment atteint le coupable.

La prière de l'enfant vertueux monte vers Dieu.

Si votre ennemi a faim, donnez-lui à manger.

Une mère aime toujours son fils avec tendresse.

Le serpent mord le sein qui l'a réchauffé.

Quand les chats sont absents, les rats dansent.

CONSEILS AU MONITEUR.

Le moniteur expliquera les règles suivantes aux élèves dans l'ordre et aux lieux indiqués par les renvois.

(1) *ent*, à la fin des mots, se prononce tantôt *an*, tantôt *in*, tantôt *e* : *il convient* (in) *qu'ils obvient* (e) *à cet inconvénient* (an). L'oreille est le seul guide à cet égard.

(2) *e*, placé devant une consonne qui appartient à la même syllabe, se prononce *é* ou *è* : *aimer, chanter ; fer, belle ; — aimé, chanté : fèr, bèlle.*

Paris. — Larousse et Boyer, Libraires-Éditeurs, rue Saint-André-des-Arts, 49.

Paris. — Typographie Morris et Comp., rue Amelot, 64.

P. LAROUSSE.

MÉTHODE LEXICOLOGIQUE DE LECTURE

21e TABL.

LES LETTRES BLANCHES SONT NULLES DANS LA PRONONCIATION.

nè è in-fè an vèr
La neige est un bienfait en hiver.

fo è an-fi - bi
Le phoque est un animal amphibie.

mèr an fa gip
La mer Rouge engloutit Pharaon, roi d'Égypte.

voi-ia man an fèr
On voyage rapidement en chemin de fer.

fa - bè con-pran dè voi-iè-le é dè
L'alphabet comprend des voyelles et des consonnes.

fan in dè
L'éléphant se souvient des injures.

an voi-ian van in
En voyant souvent le vice, on devient vicieux.

bo-neur tan
Le bonheur du méchant ne dure pas longtemps.

o an
Honte et malheur aux enfants ingrats.

in fin prè-se
Le loup devient hardi quand la faim le presse.

lè in fè - me
Les impies blasphèment contre Dieu.

croi-ié
Croyez-vous que le méchant soit heureux?

soi-ié jan fè-te
Soyez diligent dans tout ce que vous faites.

fos - fo o lèr
Le phosphore se consume au contact de l'air.

SYSTÈME DES ÉQUIVALENCES.

La neige est un bienfait en hiver.[1]

Le phoque[2] est un animal amphibie.[2]

La mer Rouge engloutit Pharaon, roi d'Égypte.[3]

On voyage[4] rapidement en chemin de fer.

L'alphabet comprend des voyelles et des consonnes.

L'éléphant se souvient des injures.

En voyant souvent le vice, on devient vicieux.

Le bonheur du méchant ne dure pas longtemps.

Honte et malheur aux enfants ingrats.

Le loup devient hardi quand la faim le presse.

Les impies blasphèment contre Dieu.

Croyez-vous que le méchant soit heureux?

Soyez diligent dans tout ce que vous faites.

Le phosphore se consume au contact de l'air.

CONSEILS AU MONITEUR.

Le Moniteur expliquera les règles suivantes aux élèves dans l'ordre et aux lieux indiqués par les renvois.

(1) *h* est une lettre nulle : *homme, habit, ahuri,* — *omme, abit, a-uri.*

(2) *ph* se prononce *f* : *Joseph, philosophe, camphre,* — *Josef, filosofe, camfre.*

(3) *y* a la valeur de *i* : *tyran, cygne, martyr,* — *tiran, cigne, martir.*

(4) *y* entre deux voyelles vaut deux *i* : *royal, voyage, tuyau,* — *roi-ial, voi-iage, tui-iau.*

Paris. — Larousse et Boyer, Libraires-Éditeurs, rue Saint-André-des-Arts, 49.

Paris. — Typographie Morris et Comp., rue Amelot, 64.

1856

MÉTHODE LEXICOLOGIQUE DE LECTURE

LES LETTRES BLANCHES SONT NULLES DANS LA PRONONCIATION.

SYSTÈME DES ÉQUIVALENCES.

dè si-on
Nous portions des portions.
lan min té dè son vè
Le lendemain doit profiter des leçons de la veille.
zé tron bo
Le rusé renard trompa le stupide corbeau.
van zoin
On a souvent besoin d'un plus petit que soi.
zir plè ran é
Le désir de plaire nous rend aimables.
è zi
Un ami est un frère que nous nous sommes choisi.
è ze
L'amitié est une rose sans épines.
è-ne zon
Que ta bouche devienne la prison de ta langue.
vo bo o o fi-zi
Il vaut mieux être beau au moral qu'au physique.
an ja né
La cigogne engagea le renard à dîner.
mo-vè-ze si en-jan
Une mauvaise action engendre le remords.
zo è chè-deu
L'oiseau-mouche est le chef-d'œuvre de la nature.
o dè zo
Dieu donne la pâture aux petits des oiseaux.
fo va-ié é zé
Il faut travailler le jour et se reposer la nuit.

Nous portions(1) des portions(1).

Le lendemain doit profiter des leçons(2) de la veille.

Le rusé(3) renard trompa le stupide corbeau.

On a souvent besoin d'un plus petit que soi.

Le désir de plaire nous rend aimables.

Un ami est un frère que nous nous sommes choisi.

L'amitié est une rose sans épines.

Que ta bouche devienne la prison de ta langue.

Il vaut mieux être beau au moral qu'au physique.

La cigogne engagea le renard à dîner.

Un mauvaise action engendre le remords.

L'oiseau-mouche est le chef-d'œuvre de la nature.

Dieu donne la pâture aux petits des oiseaux.

Il faut travailler le jour et se reposer la nuit.

CONSEILS AU MONITEUR.

Le Moniteur expliquera les règles suivantes aux élèves dans l'ordre et aux lieux indiqués par les renvois.

(1) *ti* a tantôt le son de *ti* : *partie, moitié question;* tantôt le son de *si* : *minutie, initié, action.* L'oreille est le seul guide à cet égard.

(2) *ç* se prononce comme *s* : *leçon, façade, reçu,* — *le-son, fa-sade, re-su.*

(3) *s*, entre deux voyelles, a le son de *z* : *maison, poison, chaise,* — *maizon, poizon, chaize.*

Paris. — Larousse et Boyer, Libraires-Éditeurs, rue Saint-André-des-Arts, 49.

Paris. — Typographie Mennais et Comp., rue Amelot, 64.

P. LAROUSSE. **23e TABL.**

MÉTHODE LEXICOLOGIQUE DE LECTURE

LES LETTRES BLANCHES SONT NULLES DANS LA PRONONCIATION.

SYSTÈME DES ÉQUIVALENCES.

zè è rè-ne dè
La rose est la reine des jardins.
fè-te l'o
Faites l'aumône selon votre pouvoir.
vé bo né bo
Si vous avez beaucoup, donnez beaucoup.
vé né mè kcur
Si vous avez peu, donnez peu; mais de bon cœur.
lo è zor
L'aumône est un grand trésor devant Dieu.
è in co-ze
On aime le chien à cause de sa fidélité.
an rès-pèc-té vié-iè-se
Enfants, respectez la vieillesse.
soi-ion lè ze
Soyons soigneux dans les plus petites choses.
ran lè mè-ieur
La religion rend les hommes meilleurs.
tan sion vèr vèr
La contemplation de l'univers élève l'âme vers Dieu.
è sion
La mort d'une mère est une grande affliction.
pè-i-za è bo
Un paysage est plus beau de loin que de près.
sion èr pè
L'instruction ne s'acquiert pas sans peine.
gé noi-iau
Si tu veux manger l'amande, casse le noyau.

La rose est la reine des jardins.

Faites l'aumône selon votre pouvoir.

Si vous avez beaucoup, donnez beaucoup.

Si vous avez peu, donnez peu; mais de bon cœur.

L'aumône est un grand trésor devant Dieu.

On aime le chien à cause de sa fidélité.

Enfants, respectez la vieillesse.

Soyons soigneux dans les plus petites choses.

La religion rend les hommes meilleurs.

La contemplation de l'univers élève l'âme vers Dieu.

La mort d'une mère est une grande affliction.

Un paysage est plus beau de loin que de près.

L'instruction ne s'acquiert pas sans peine.

Si tu veux manger l'amande, casse le noyau.

Paris. — [illegible], libraires-éditeurs, rue Saint-André-des-Arts, 49.

Paris. — Typographie [illegible] Comp., rue Amelot, 64.

LE CORBEAU ET LE RENARD.

mè bo pèr
Maître corbeau, sur un arbre perché,
nè an bèc
Tenait en son bec un fromage.
mè
Maître renard, par l'odeur alléché,
Lui tint à peu près ce langage:
bo
Hé! bonjour, monsieur du corbeau!
san-blé bo
Que vous êtes joli! que vous me semblez beau!
man
Sans mentir, si votre ramage
Se rapporte à votre plumage,
fé dè cè
Vous êtes le phénix des hôtes de ces bois.
cè bo san
A ces mots, le corbeau ne se sent pas de joie;
é tré bè-le
Et, pour montrer sa belle voix,
bèc lè-se ton-bé
Il ouvre un large bec, laisse tomber sa proie.
san sè-zi é
Le renard s'en saisit, et dit: Mon bon Monsieur,
né
Apprenez que tout flatteur
o pan
Vit aux dépens de celui qui l'écoute:
cè-te son vo in
Cette leçon vaut bien un fromage, sans doute.
bo é
Le corbeau, honteux et confus,
mè li pran-drè
Jura, mais un peu tard, qu'on ne l'y prendrait plus.

Maître corbeau, sur un arbre perché,
Tenait en son bec un fromage.
Maître renard, par l'odeur alléché,
Lui tint à peu près ce langage:
Hé! bonjour, monsieur du corbeau!
Que vous êtes joli! que vous me semblez beau!
Sans mentir, si votre ramage
Se rapporte à votre plumage,
Vous êtes le phénix des hôtes de ces bois.
A ces mots, le corbeau ne se sent pas de joie;
Et, pour montrer sa belle voix,
Il ouvre un large bec, laisse tomber sa proie.
Le renard s'en saisit, et dit: Mon bon Monsieur,
Apprenez que tout flatteur
Vit aux dépens de celui qui l'écoute:
Cette leçon vaut bien un fromage, sans doute.
Le corbeau, honteux et confus,
Jura, mais un peu tard, qu'on ne l'y prendrait plus.

Paris — Larousse et Boyer, Libraires-Éditeurs, rue Saint-André-des-Arts, 49.

Paris. — Typographie Mourgues et Comp., rue Amelot, 84.

MÉTHODE LEXICOLOGIQUE DE LECTURE

PAR P. LAROUSSE.

COMMANDEMENTS DE DIEU.

Un seul Dieu tu adoreras
Et aimeras parfaitement.

La nature est le trône extérieur de la magnificence divine. Dieu a tracé son nom sur le front des étoiles, sur l'arc-en-ciel, sur une feuille d'arbre. Les herbes de la vallée et les cèdres de la montagne le bénissent, l'insecte caché sous la mousse bourdonne ses louanges, l'éléphant le salue au lever du jour, l'oiseau le chante sous le feuillage, la foudre fait éclater sa puissance, et l'Océan déclare son immensité. Les sauvages eux-mêmes l'ont reconnu dans les merveilles qui sont sorties de ses mains puissantes. Un Anglais, parcourant le Nouveau-Monde, se fit conduire par un naturel à la cataracte du Niagara. Dès que l'Américain fut près de cette immense nappe d'eau, qui se précipite du sommet d'une haute montagne dans une profonde vallée, avec un bruit que l'on entend de plusieurs lieues, il se prosterna la face contre terre. Que fais-tu là? lui dit l'Anglais étonné : J'adore le Grand-Esprit, fut la réponse du sauvage.

Paris.—Larousse et Boyer, Libraires-Éditeurs, rue Saint-André-des-Arts, 49.

Paris.—Typographie Morris et Comp., rue Amelot, 64.

MÉTHODE LEXICOLOGIQUE DE LECTURE

PAR P. LAROUSSE.

COMMANDEMENTS DE DIEU.

Tes père et mère honoreras
Afin de vivre longuement.

Un curé avait fait venir chez lui trois enfants de l'un de ses paroissiens fort misérable. Comme le froid était rigoureux, les trois enfants étaient transis. Le bon curé leur dit de s'approcher du feu, et leur fait apporter du pain et un peu de viande. Les deux aînés mangent leur portion de bon appétit. Pour le troisième, il regardait la sienne d'un air satisfait, mais il n'y touchait pas. « Quoi! mon enfant, lui dit le curé, tu ne manges pas? — Non, monsieur, répondit-il; je garde ma part pour ma mère, qui est malade. — Mange toujours, mon petit; j'enverrai ce qu'il faut à ta maman. — Non, monsieur, je veux lui porter ce que voilà, car maman est malade. » A ces derniers mots, les yeux de l'enfant se remplirent de larmes. « Ta mère, mon petit ami, ne manquera de rien, mais, crois-moi, mange, tu dois avoir faim. — Oui, j'ai faim, mais maman est malade. — Eh bien! tiens, voilà du pain et de la viande que tu lui porteras; mais mange ce que je t'ai donné. — Alors, monsieur, je mangerai bien mon pain sec; ma viande, je veux la garder pour maman, qui est malade. »

Paris. — Larousse et Boyer, Libraires-Éditeurs, rue Saint-André-des-Arts, 49.

Paris. — Typographie Morris et Comp., rue Amelot, 64.

MÉTHODE LEXICOLOGIQUE DE LECTURE

PAR P. LAROUSSE.

COMMANDEMENTS DE DIEU.

Le bien d'autrui tu ne prendras
Ni retiendras à ton escient.

Ne cherchez pas à vous enrichir par des voies injustes : le pain mal acquis remplit la bouche de gravier.

Un homme avait acheté à crédit une paire de souliers. Étant revenu quelques jours après pour les payer, il trouva la boutique fermée, et il apprit que le cordonnier venait de mourir. Il éprouva tout d'abord une secrète joie à cette nouvelle, et s'en alla fort content d'avoir les souliers et l'argent ; mais le remords suivit de près la faute. Il réfléchit à son injustice, et, revenu à grands pas à la boutique, il glissa son argent par les fentes de la porte, en disant : Cet homme, qui est mort pour les autres, est encore vivant pour moi. »

Faux témoignage ne diras
Ni mentiras aucunement.

Le père du célèbre Washington attachait à la véracité de son fils une importance extrême. Un jour, le jeune Washington, qui n'avait que six ans, enleva, à l'aide d'une petite hache, l'écorce d'un cerisier d'une espèce très-rare, auquel son père attachait un grand prix. Le lendemain, celui-ci, à la vue d'un mal aussi irréparable, manifesta beaucoup de chagrin : « Je donnerais cinq guinées, ajouta-t-il, pour connaître le coupable. — C'est moi, papa, dit son fils après quelque hésitation ; c'est moi qui ai coupé l'écorce avec ma hache. — Embrassez-moi, mon enfant, s'écria aussitôt le père ; votre franchise a plus de valeur à mes yeux que n'en pourraient avoir mille cerisiers. »

Paris. — Larousse et Boyer, Libraires-Éditeurs, rue Saint-André-des-Arts, 49.

Paris. — Typographie Morris et Comp., rue Amelot, 64.

MÉTHODE LEXICOLOGIQUE DE LECTURE

PAR P. LAROUSSE.

PÉCHÉS CAPITAUX.

L'ORGUEIL.

Un cultivateur alla un jour visiter ses champs pour voir si le grain serait bientôt mûr. Il était accompagné de son fils, jeune garçon de dix ans. « Regarde donc, papa, lui dit l'enfant sans expérience, comme quelques-unes des tiges de blé tiennent leur tête droite et haute; ce sont sans doute les meilleures; et les autres, qui se baissent presque jusqu'à terre, sont assurément bien loin de les valoir. » Le père arracha quelques épis et dit : « Regarde un peu ceci, mon fils; cet épi, qui dressait fièrement la tête est tout-à-fait vide; celui qui l'inclinait avec tant de modestie est, au contraire, tout rempli de beaux grains. Apprends qu'il ne faut point juger des hommes par un air confiant et avantageux : la modestie annonce presque toujours le vrai mérite. »

L'AVARICE.

Un singe ayant trouvé une fenêtre ouverte, entra dans la chambre d'un riche avare, qui ne donnait jamais un liard aux pauvres. L'homme au cœur de roche était absent, et le singe, apercevant la caisse pleine de pièces d'or et d'argent, les prit par poignées et les jeta par la fenêtre. Aussitôt la foule se rassembla dans la rue et se disputa l'argent. Ce ne fut que lorsque la caisse était déjà vide que notre avare revint par l'autre bout de la rue. Qui pourrait peindre son effroi et sa douleur en voyant ce qui se passait devant sa maison? Avant de rentrer chez lui, il se répandit en imprécations contre le singe et le traita d'animal insensé. Quelqu'un, qui l'entendit, répliqua : « Certes, il est peu sensé de jeter l'argent par la fenêtre, comme le fait ce singe; mais le tenir dans une caisse, sans profit pour soi-même ni pour ses semblables, comme vous le faites, est encore bien plus insensé. »

Paris.—Larousse et Boyer, Libraires-Éditeurs, rue Saint-André-des-Arts, 49.

Paris.—Typographie Morris et Comp., rue Amelot, 64.

MÉTHODE LEXICOLOGIQUE DE LECTURE

PAR P. LAROUSSE.

PÉCHÉS CAPITAUX.

L'ENVIE.

Un jardinier avait planté contre sa maison un pied de vigne, dont les feuilles couvraient toute la muraille, et qui donnait tous les ans des raisins délicieux.

Un voisin, qui lui enviait la treille et ses fruits, en coupa pendant la nuit les plus beaux sarments. C'était vers la fin de l'hiver.

En se levant, notre jardinier fut très-fâché que sa treille fût ainsi mutilée; car en ce temps-là on ignorait encore quel bien la taille fait à la vigne.

Ma pauvre treille semble pleurer de se voir en cet état, dit-il, et je ne suis pas loin de pleurer comme elle. Mais qu'arriva-t-il? La treille, dont on déplorait le sort, porta cette année de plus beaux fruits et en plus grande quantité que les années précédentes.

L'envieux voisin faillit en mourir de dépit.

LA COLÈRE.

Le cheval favori d'un prince était mort par la négligence de l'écuyer chargé d'en prendre soin. Le monarque entra dans un violent accès de colère, et il voulait percer cet officier de son épée. Un sage qui faisait partie de la suite du prince, para le coup en disant: « Seigneur, cet homme n'est pas encore convaincu du crime pour lequel il doit mourir. — Eh bien! fais-le lui connaître. — Écoute, misérable, dit le ministre, les crimes que tu as commis: d'abord, tu as laissé mourir un cheval que ton maître t'avait confié; ensuite, tu es cause que notre prince s'est abandonné à la plus dégradante des passions; enfin, c'est ta faute s'il a été sur le point de se déshonorer aux yeux de tout le monde en tuant un homme pour un cheval. Tu es pourtant coupable de tout cela, malheureux. — C'est bien, dit aussitôt le roi; qu'on le laisse aller; je lui pardonne son crime. »

Paris.—Larousse et Boyer, Libraires-Éditeurs, rue Saint-André-des-Arts, 49.

Paris.—Typographie Morris et Comp., rue Amelot, 64.

MÉTHODE LEXICOLOGIQUE DE LECTURE

PAR P. LAROUSSE.

PÉCHÉS CAPITAUX.

LA PARESSE.

Dans la ville de Gand, plusieurs conseillers étaient debout devant la maison municipale, lorsqu'un mendiant s'approcha d'eux, et, après s'être plaint qu'il était affligé d'une maladie incurable, il leur demanda l'aumône, attendu que cette infirmité le mettait dans l'impossibilité de travailler. Lorsque les conseillers lui eurent donné chacun leur obole et qu'il fut parti, l'un d'eux, plus curieux que les autres, envoya un de ses domestiques après ce malheureux pour l'interroger sur la maladie dont il était affligé. — A cette question, le mendiant souriant malicieusement, répondit : « Je souffre d'une maladie qui rend tous mes membres perclus et incapables de travail : cette maladie s'appelle LA PARESSE. »

PRIÈRE.

Mon Dieu, pour être heureux, tu m'as mis sur la terre.
Tu sais bien mieux que moi quels sont mes vrais besoins ;
Le cœur de ton enfant s'en rapporte à tes soins ;
Donne-moi les vertus qu'il me faut pour te plaire.

Heureux qui met en toi toute son espérance !
On a toujours besoin d'implorer ta bonté.
Tu nous consoleras dans nos jours de souffrance,
Si nous t'avons servi dans la prospérité.

Te servir, ô mon Dieu, c'est suivre tous les jours
Les lois que ta justice impose à tous les hommes,
Aimer les malheureux, leur porter nos secours,
Et remplir les devoirs de l'état où nous sommes.

Paris.—LAROUSSE ET BOYER, Libraires-Éditeurs, rue Saint-André-des-Arts, 49

Paris.—Typographie MORRIS ET COMP., rue Amelot, 64.

MÉTHODE LEXICOLOGIQUE DE LECTURE

PAR P. LAROUSSE.

VERTUS THÉOLOGALES.

LA FOI.

Un incendie terrible dévorait au milieu de la nuit une riche manufacture. Grâce au zèle et au courage de ses ouvriers, le maître avait vu toute sa famille échapper au trépas. Mais restait une pauvre femme, veuve du jardinier, logée sous les toits : elle appelait à grands cris du secours. Nul n'osait tenter de l'arracher à la mort, car la maison menaçait de s'affaisser avant qu'on pût arriver au faîte. Un vénérable curé, fort de sa confiance en Dieu, prit la résolution de sauver la pauvre femme. Guidé par la foi, il se jeta au milieu des flammes, et reparut enfin, portant dans ses bras cette malheureuse, et salué de toutes parts par des bénédictions. Le lendemain (c'était dimanche) il monta en chaire, fit un appel à la charité de ses paroissiens pour les malheureux ouvriers que l'incendie de la manufacture avait laissés sans travail, et recueillit d'abondantes aumônes. Il savait que la foi n'est rien sans la charité.

L'ESPÉRANCE.

Il est au ciel une puissance divine, compagne assidue de la Religion et de la Vertu; elle nous aide à supporter les peines et les ennuis de la vie, s'embarque avec nous pour nous montrer l'entrée du port dans les tempêtes, la planche du salut dans les naufrages, également douce et secourable aux voyageurs célèbres, aux passagers inconnus. Quoiqu'elle ait les yeux couverts d'un bandeau, ses regards pénètrent l'avenir; quelquefois elle tient des fleurs naissantes dans sa main, quelquefois une coupe pleine d'une liqueur enchanteresse; rien n'est égal au charme de sa voix, à la grâce de son sourire; plus on approche des frontières de la vie, plus elle se montre pure et brillante aux mortels consolés. La Foi et la Charité lui disent : « Ma sœur! » et elle se nomme l'Espérance.

LA CHARITÉ.

La charité, c'est-à-dire l'amour du prochain, est la vertu par excellence. L'apôtre Saint Jean, parvenu à une extrême vieillesse, ne prononçait plus que ces seules paroles : « Mes enfants, aimez-vous les uns les autres. »

Etant encore fort jeune, dit le philosophe Sadi, j'avais coutume de me lever au milieu de la nuit pour veiller et pour prier Dieu. Une nuit que je me livrais à ces pieux exercices, et que toute la famille dormait, excepté mon père, près de qui j'étais, je lui dis : « Voyez ! pas un ne lève seulement la tête pour louer Dieu, et ils dorment d'un sommeil si profond, qu'on dirait qu'ils sont tous morts. » Mon père me ferma la bouche en répondant : « Il vaudrait mieux que vous dormissiez comme ils dorment, que d'observer leurs défauts. »

Paris. — Larousse et Boyer, Libraires-Éditeurs, rue Saint-André-des-Arts, 49.

1856

Paris. — Typographie Morris et Comp., rue Amelot, 64.

MÉTHODE LEXICOLOGIQUE DE LECTURE

PAR P. LAROUSSE.

EXERCICES LEXICOLOGIQUES DE LECTURE.

1er DEVOIR. — Dans l'exercice suivant, l'élève prendra les deux premières syllabes de chaque mot pour en faire un mot français. Ex. : AMIral; on obtient *ami*.

amiral	unité	écume
lâcheté	épine	torture
vendredi	forcené	Languedoc
seringat	marine	forgeron
vigneron	Sénégal	aveugle
démonté	nouveauté	Robinson
défilé	feuilleton	tribunal
caleçon	chasselas	brocheton

2me DEVOIR. — L'élève prendra les deux dernières syllabes de chaque mot pour en faire un mot français. Ex.: viPÈRE; on obtient *père*.

vi**père**	charade	étape
romarin	limite	éloge
aride	dimanche	chevelu
avide	pantalon	famine
patache	fromage	vorace
cilice	potage	arbuste
lévite	calibre	mensonge
limaille	citerne	clandestin

3me DEVOIR. — L'élève composera un mot français en prenant la première et la dernière syllabe des deux mots en regard. Ex. : LIre, ciME; on obtient *lime*.

lire	ci**me**	velu	féminin
racine	olive	aire	Adèle
maman	dire	lutin	fine
aboli	demi	bonté	corde
salade	parole	boudin	mule
moulin	coton	organe	refuge
panade	rage	ordre	arme
âme	image	jargon	badin

4me DEVOIR. — L'élève formera un mot français en prenant la dernière et la première syllabe des deux mots en regard. Ex. : joLI, COUde; on obtient *licou*.

jo**li**	**cou**de	hiver	tube
gage	nougat	licou	pontife
lapin	songe	hardi	vandale
jambon	témoin	épi	querelle
écume	longueur	fourmi	digue
ami	chemin	papa	végétal
défi	chute	animal	heurter
coquin	tenailles	riche	mince

5me DEVOIR. — L'élève prendra la première et la dernière syllabe de chaque mot pour en faire un mot français. Ex. : SOUcouPE; on obtient *soupe*.

soucou**pe**	équité	cabale
façade	moucheron	rature
baladin	respecter	rapide
ranimer	luzerne	potiche
piqûre	aumône	manége
logique	caserne	moniteur
tisane	conduite	ravage
culbute	boulanger	cosaque

6me DEVOIR. — Dans chacun des mots suivants, l'élève trouvera deux mots français composés chacun de deux syllabes. Ex. : *ca ni che*; on obtient *ca che*, *ni che*.

ca ni che	ra ma ge	cha lou pe
lan ga ge	li brai re	mor fon du
ti ra ge	quel con que	mar mi te
vendanger	cocarde	lucarne
contenter	conquête	novice
soupape	palatin	charpente
roucouler	copiste	retourner
carliste	ciboire	guirlande

7me DEVOIR. — Le moniteur énoncera chacun des mots suivants, que l'élève devra retrouver au troisième tableau, en combinant les syllabes deux à deux.

bague	ruche	boxe
robe	café	midi
biche	dodu	lime
roche	code	rive
fève	dogue	sage
lame	guigne	velu
miche	pipe	taxe
pacha	rame	figue

8me DEVOIR. — Le moniteur énoncera chacun des mots suivants, que l'élève devra retrouver au onzième tableau, en combinant les syllabes deux à deux.

rondin	poupon	bouillon
chanson	pinson	mouron
canton	bougon	pantin
goujon	mouton	coupon
boudin	bouquin	bouton
moulin	dindon	poumon
boulon	ponton	bondon
bouchon	manchon	donjon

9me DEVOIR. — L'élève trouvera :

1° Six mots, en plaçant les 22 consonnes du tableau 3 successivement devant chacune des terminaisons **ouche, iche, age**;

2° Cinq mots, en plaçant les 22 consonnes successivement devant chacune des terminaisons **able, ache, igne**;

3° Quatre mots avec les terminaisons **oudre**, **onte**, **oupe**;

4° Trois mots avec les terminaisons **ondre**, **onde**, **oche**;

Exemple : **ouche** donne **bouche**; **iche** donne **biche**; **ache** donne **bâche**, etc., etc.

Paris.—Larousse et Boyer, Libraires-Éditeurs, rue Saint-André-des-Arts, 49.

Paris.—Typographie Morris et Comp., rue Amelot, 64.

www.ingramcontent.com/pod-product-compliance
Ingram Content Group UK Ltd.
Pitfield, Milton Keynes, MK11 3LW, UK
UKHW020422230726
13925UKWH00004B/1566

9 782014 433227